UN TESTATEUR PEUT-IL PROHIBER

PENDANT UN CERTAIN TEMPS APRÈS SA MORT

L'OUVERTURE DE

SON TESTAMENT OLOGRAPHE

PAR

Adolphe LAIR

CONSEILLER A LA COUR D'APPEL D'ANGERS.

Extrait de la REVUE CRITIQUE DE LÉGISLATION ET DE JURISPRUDENCE.

PARIS

A. COTILLON & Cie, IMPRIMEURS-ÉDITEURS,

Libraires du Conseil d'État et de la Société de législation comparée,

24, RUE SOUFFLOT, 24.

—

1882

UN TESTATEUR PEUT-IL PROHIBER

PENDANT UN CERTAIN TEMPS APRÈS SA MORT

L'OUVERTURE DE

SON TESTAMENT OLOGRAPHE

UN TESTATEUR PEUT-IL PROHIBER

PENDANT UN CERTAIN TEMPS APRÈS SA MORT

L'OUVERTURE DE

SON TESTAMENT OLOGRAPHE

PAR

Adolphe LAIR

CONSEILLER A LA COUR D'APPEL D'ANGERS.

Extrait de la REVUE CRITIQUE DE LÉGISLATION ET DE JURISPRUDENCE.

PARIS

A. COTILLON & Cie, IMPRIMEURS-ÉDITEURS,

Libraires du Conseil d'État et de la Société de législation comparée,

24, RUE SOUFFLOT, 24.

1882

UN TESTATEUR PEUT-IL PROHIBER

PENDANT UN CERTAIN TEMPS APRÈS SA MORT

L'OUVERTURE DE

SON TESTAMENT OLOGRAPHE

La Cour d'Angers a eu récemment à se prononcer, sur une question assez curieuse, et qui, au moins dans notre jurisprudence moderne, paraît complètement nouvelle.

Cette question est celle de savoir si le testateur qui teste en la forme olographe peut, par une disposition expresse, prohiber pendant un certain temps l'ouverture de son testament.

Les faits à raison desquels la Cour a été saisie de cette question sont les suivants :

M. Félix B..., propriétaire, est décédé à Mayenne, le 30 janvier 1881.

Il laissait pour unique héritier, suivant la loi, sa sœur, Mlle Marie-Eléonore-Sophie-Clémence B...

Mlle B... devait donc légalement, à défaut de disposition testamentaire, recueillir l'intégralité de la succession.

Toutefois elle n'avait droit à aucune réserve.

Mais M. B..., *de cujus,* laissait de nombreuses dispositions de dernière volonté.

Ces dispositions se divisent en trois séries qu'il importe de distinguer et qui étaient contenues dans des enveloppes différentes.

La première, comprenant un testament et huit codicilles, était renfermée dans une enveloppe portant la suscription suivante :

« Ce testament, écrit, daté et signé de ma main, devra être « ouvert de suite après ma mort. Il devra être conservé avec « soin, car il contient l'*expression de volontés dont on aura « l'explication à l'ouverture de mon autre testament,* fait, écrit, « daté et signé par moi. *Celui-ci apporte quelques modifications « à ce que j'avais décidé.*

« Mayenne, 5 février 1878. »

Dans un premier testament, en date du 2 mars 1875,

1° Le sieur B... lègue à sa sœur l'usufruit de toute sa fortune sans qu'on puisse, de son vivant, lui demander aucun partage.

2° Il règle des dispositions concernant sa sépulture.

3° Il insère la mention suivante : « Dans un autre testament « qui ne devra être ouvert qu'après la mort de ma sœur, j'ai « formulé des volontés dont je veux l'entière exécution. »

4° Enfin, il ajoute : « Si je viens à mourir avant qu'on ait le « droit de faire l'ouverture du testament qui ne doit être ouvert « qu'après la mort de ma sœur, je donne à mes domestiques... »

Il fait à ses domestiques divers legs et ajoute : « Ces diffé- « rentes sommes viendront en diminution de celles que je leur « lègue dans un autre testament qui ne doit être ouvert qu'après « la mort de ma sœur et qui est plus avantageux. »

Parmi les huit codicilles qui accompagnent ce premier testament, il en est deux dans lesquels le testateur se réfère en termes exprès *à cet autre testament qui ne doit être ouvert qu'après la mort de sa sœur.*

La deuxième série des dispositions testamentaires était contenue dans une enveloppe portant simplement ces deux mots : « Testam-Testament. »

La pièce qui y était renfermée et que le testateur qualifie « d'annexe à celui de ses testaments qui devra être ouvert « immédiatement après sa mort et recevoir une prompte exécu- « tion » contenait cinq dispositions distinctes, en date des 15 mai, 1er juillet, 2 juillet, et 21 avril 1879..... Dans la première de ces dispositions, celle du 15 mai, faisant de nouveau allusion à son autre testament, le testateur déclarait : « On y « trouvera une autre détermination que j'ai prise à l'égard de « Martin (Marie). »

Enfin, une troisième et une quatrième enveloppe contenaient, ou, du moins, paraissaient contenir la dernière série des dispositions du *de cujus.*

L'une portait cette suscription : « Ci-inclus est mon testament « qui ne devra être ouvert et recevoir son exécution qu'après la « mort de ma sœur. » (Sans date).

Un autre portait pour suscription ce qui suit ;

« Ceci est un de mes testaments qui ne devra être ouvert et « recevoir son exécution qu'après la mort de ma sœur. Il existe « un autre testament qui devra être ouvert immédiatement après « ma mort et recevoir son exécution en ce qui concerne son « actualité. Ce testament est écrit, signé de ma main et mûre- « ment réfléchi. » (Mayenne, 18 mai 1872.)

Enfin, il existait un dernier testament portant une suscription analogue, à la date du 20 juin 1872.

Il est à remarquer qu'avec ces testaments a été trouvé contenu dans la première enveloppe, un testament de la D[elle] B... portant comme suscription « qu'il ne devra être ouvert qu'après la mort « de son frère. »

Il semble que cette combinaison testamentaire avait été réciproquement concertée entre la sœur et le frère.

Le 30 janvier, le jour même du décès, les testaments des deux premières séries ont été présentés, par le notaire de la famille, à M. le Président du tribunal, qui en a fait l'ouverture et, après description, en a, par ordonnance du même jour, ordonné le dépôt au rang des minutes de cet officier public.

C'est seulement le lendemain 31 janvier que le même notaire a présenté au Président du tribunal les deux dernières enveloppes, en déclarant qu'elles ne lui avaient été remises que postérieurement à celles déposées la veille.

M. G... avoué, au nom de la D[elle] B., a requis l'ouverture des deux testaments (conformément aux articles 1007 du C. civil, 918 et 919 du Code de procédure), invoquant la qualité d'unique héritière de la requérante, les allusions faites par le testateur à un testament principal, la nécessité de la liquidation, enfin un intérêt d'ordre public, le paiement au trésor des droits de mutation.

Par ordonnance du même jour, M. le Président a ordonné le dépôt de ces deux plis aux mains du notaire, mais a refusé d'en faire l'ouverture, déclarant : « Qu'il n'y avait aucun intérêt à les « ouvrir actuellement; que ne pouvant avoir d'effet qu'après la « mort de la sœur du défunt, ils ne pouvaient avoir aucune in- « fluence sur les droits actifs ou passifs de la succession, et qu'il « y avait lieu de respecter la volonté du testateur. »

Tel était le dispositif de l'ordonnance sur requête qui a été déférée à la Cour par un appel dont la recevabilité eût pu être discutée peut-être, mais a été implicitement admise par la décision qui a statué au fond.

L'appel soulevait cette unique, mais grave question. La volonté du testateur devait-elle être respectée? ou, au contraire, la modalité par lui imposée à ses dispositions dernières de n'être connues qu'après le décès d'une personne qui, en fait, lui avait survécu, constituait-elle une condition illégale, et cette condition devait-elle être réputée non écrite ?

Une première réflexion se présentait : C'est que le sieur B... paraît avoir attaché la plus grande importance à reculer jusqu'après le décès de sa sœur l'ouverture de son propre testament. Cette disposition a été concertée entre le frère et la sœur. Cette volonté, il l'exprime pour la première fois le 18 mai 1872 ; il la confirme dans le testament du 2 mars 1875, dans des codicilles du 21 mai 1876, dans l'annexe du 15 mars 1878.

Cette disposition n'a donc pas été chez lui une inadvertance dont il ne se soit pas rendu compte ; elle a été l'expression d'une volonté mûrement réfléchie, sérieuse, persévérante : bien plus, la plupart des codicilles postérieurs se réfèrent, pour le compléter ou le modifier, à ce testament de 1872 qui est comme la clef de voûte de tout l'édifice testamentaire. — Le testament du 18 mai 1872, celui dont l'ouverture actuelle est prohibée est, on peut l'affirmer, sans hésiter, le testament principal. Tout paraît avoir été calculé par le testateur en vue de cette combinaison dont lui seul a pu apprécier l'utilité, la nécessité. — Ne pas respecter sur ce point sa volonté, ce n'est pas seulement effacer une modalité secondaire, c'est briser, à son centre même, toute l'économie de l'œuvre testamentaire.

Mais cette œuvre est-elle légale? Pour établir qu'elle ne l'est pas, la demoiselle B... invoquait divers ordres de considérations :

Elle soutenait d'abord que la non-ouverture du testament de son frère rendait impossible l'administration de la succession. — Un acte de notoriété dressé le 31 janvier, lendemain du décès, constatait bien qu'elle était l'unique héritière du *de cujus* ; mais, « sauf l'exécution de tous testaments pouvant exister ». — Une telle formule pouvait-elle lui permettre de poursuivre un débiteur, de donner quittance, de consentir une main-levée ou une radiation d'hypothèque, un transfert de rente, d'aliéner, d'échanger, d'hypothéquer, d'agir en justice pour représenter la succession ? etc. La succession renfermait des titres de rente : au nom de qui pouvaient-ils être immatriculés ?

Dans la combinaison de dispositions dernières adoptée par le testateur, et aux termes du testament du 2 mars 1875, l'appelante était instituée usufruitière de la totalité de la succession. — Il semblait résulter de l'ensemble de ces dispositions que le *de cujus* avait voulu la réduire à cet usufruit; mais, si elle n'avait pas d'autres droits, elle avait, au moins, jusqu'à son décès, tous les droits d'une usufruitière.

Toutefois le testateur avait-il pu légalement la réduire à l'usufruit, sans la dépouiller expressément de la propriété, et en réservant jusqu'au décès de l'usufruitière l'indication du propriétaire ?

Il semble qu'ici la volonté du testateur rencontrait deux obstacles graves :

I. — A un premier point de vue, en effet, le mort saisit le vif; aux termes de l'article 724 du C. c. : « Les héritiers légitimes « sont saisis de plein droit des biens, droits et actions du défunt, « sous l'obligation d'acquitter toutes les charges de la succes- « sion. » — Or, Melle B... était l'héritière légitime du défunt; et, par suite, en l'absence d'une disposition testamentaire qui transférât la propriété à un tiers, elle était saisie de la propriété comme de la jouissance, du *dominium* dans son intégrité. Elle n'avait nul besoin de la disposition qui l'instituait usufruitière; elle pouvait y renoncer sans modifier en rien sa situation.

Mais les dispositions du *de cujus* paraissaient impliquer que cette situation était modifiée par le testament dont il avait prohibé l'ouverture avant la mort de sa sœur. Cette situation faisait naître des doutes sur la réalité du titre qu'elle tenait de la loi. — Il était permis de craindre que cette propriété que la loi lui attribuait, la volonté encore inconnue, mais exprimée et désormais irrévocable du testateur ne la lui eût enlevée en tout ou en partie ? Elle n'était pas seulement propriétaire sous une condition résolutoire; il était possible qu'elle ne fût pas propriétaire du tout. Ses droits, les droits des tiers pouvaient-ils ainsi demeurer incertains? Il semblait qu'en l'état, il n'y eût aucun propriétaire connu, que la propriété fût vraiment incertaine, partant inaliénable. Cela était-il possible? N'y avait-il pas là un intérêt social, un intérêt d'ordre public qui ne permettait pas de respecter la volonté du testateur?

II. — A un second point de vue, cette volonté rencontrait un nouvel obstacle qui paraissait plus sérieux encore.

Aux termes de l'art. 34 de la loi du 22 frimaire an VII, « les « droits des déclarations des mutations par décès sont payés par « les héritiers, donataires et légataires », — et aux termes de l'art. 24 de la même loi, le délai pour l'enregistrement de ces déclarations est de « six mois à compter du jour du décès. »

Eh bien! dans l'espèce, qui paierait ces droits?

Serait-ce Mlle B..., qui n'était peut-être pas, probablement pas propriétaire?

Seraient-ce un propriétaire ou des propriétaires inconnus, et que la volonté seule du testateur empêchait de connaître?

A quels taux seraient-ils payés?

Il est incontestable, en présence des termes de la loi, que la Régie de l'enregistrement a le droit d'exiger le paiement des droits de mutation dans les six mois du décès.

La volonté du testateur rendait la liquidation et le paiement de ces droits impossibles.

N'était-elle donc pas contraire à la loi, et, aux termes de l'art. 900 du C. c. ne devait-elle pas être considérée comme non écrite?

A ces considérations déjà si graves, on pourrait ajouter un dernier ordre d'observations.

Les termes de l'art. 1007 sont formels :

« Tout *testament olographe* sera présenté au Président du tri- « bunal. — Ce testament *sera ouvert* s'il est cacheté. »

On le voit, la loi est impérative ; dès qu'un testament est olographe, il doit être présenté, il doit être ouvert. — Il semble qu'il y ait là une disposition légale, un commandement de la loi qui ne doit fléchir devant aucune expression de volonté. Et il semble qu'il en doit être ainsi, surtout quand il est démontré que le testament dont l'ouverture est prohibée est l'œuvre principale du testateur et que les autres dispositions de dernière volonté n'en sont que des modifications ou des accessoires.

Le texte de la loi est confirmé par son esprit. C'est en effet, du droit romain, que ces formalités de la présentation, du dépôt et de l'ouverture des testaments tirent leur origine, et pourquoi le droit romain les avait-il établies? — Parce que à ses yeux, le testament n'appartient pas seulement à l'héritier, mais à tous ceux qui ont intérêt à le consulter :

« Tabularum testamenti instrumentum non est unius hominis, « hoc est heredis, sed universorum quibus quid illic adscriptum ; « quin potius publicum est instrumentum [1]. »

Pour ce motif, la loi romaine voulait que le testament fût ouvert, décrit, puis scellé par le magistrat, et que le dépôt en fût ordonné dans un dépôt public [2].

La loi voulait expressément que ces formalités fussent remplies *immédiatement* après la mort du testateur : « Testamentum « lex statim post mortem testatoris aperiri voluit. »

« Statim », dit Paul (Sent. IV, 6). — « Ab initio », dit Ulpien (D., L. 4, *Testamenta quemadmodum aperiantur*).

Et, d'après Heineccius, « on entendait par là les 10 jours qui « suivaient les funérailles. » Suivant Cujas, l'ouverture devait avoir lieu dans le délai de trois à cinq jours, à partir du décès, quand les parties intéressées étaient sur les lieux; si elles n'y étaient pas, le délai était prolongé d'un jour par vingt mille pas.

Et la loi romaine en donnait cette double raison, vraiment remarquable et curieuse en présence de l'espèce actuelle, d'une part, qu'on ne pouvait retarder l'exécution des institutions d'héritier, des legs, des affranchissements que le testament pouvait contenir; — d'autre part, qu'il ne fallait pas retarder le paiement du droit de mutation, de la *vicesima hereditatum*. Voici le texte : « Nec enim oportet testamentum, heredibus, aut « libertatibus, quam necessario vectigali moram fieri [3]. »

[1] Ulpien, Loi 2 au Dig., *Quemadmodum testamenta aperiantur*.

[2] Sentences de Paul, Liv. IV, tit. VI.

[3] Sent. de Paul, IV, 6, *in fine*.

Voici maintenant le commentaire qu'en donne Cujas :

« Non oportet diutius differendo aperturam testamenti remo-« rari heredes quominus pro parte ex qua scripti sunt adeant; « remorari legatarios quominus sibi relicta percipiant; remorari « libertates quominus competant; remorari fiscum quominus « vicesimam hereditatis quam tanquam vectigal necessarium « lex Julia assignavit percipiat. » — Et il ajoute ailleurs : « Nec enim hæc res dilationem recipit. »

Et telle était l'importance que la loi attachait à la prompte ouverture du testament, telle était l'urgence d'une pareille mesure qu'il n'était pas permis de s'y opposer par la voie de l'appel : le plaideur ne pouvait, en ce cas, formuler son appel, le juge ne pouvait le déclarer recevable, sous peine d'amende [1].

Tel était le principe. Il n'y avait d'exception que pour le testament pupillaire, c'est-à-dire pour le testament que le père faisait au nom de son fils impubère ; — ce testament, il pouvait, il devait même en prohiber l'ouverture avant le décès de son fils.

Un texte du Code semble, à la vérité, donner à entendre que le testateur pouvait prohiber l'ouverture d'une partie au moins de son testament : « Præter partem quam aperiri defunctus ve-« tuit », dit la loi 3, au Code (*Quemadmodum testamenta aperiantur.*) — Un de nos anciens auteurs, Ricard, la commente ainsi : « Il était au pouvoir du testateur de diviser un testament « en plusieurs parties et d'ordonner que les uns seraient ouverts « immédiatement après la mort ou en autre temps, et de surseoir « l'ouverture des autres [2]. »

Cette interprétation est-elle exacte ? J'incline, pour ma part, à croire que ce texte se réfère uniquement au testament pupillaire, c'est-à-dire à l'hypothèse où l'ouverture du testament non seulement pouvait être prohibée, mais devait l'être.

Ces dispositions avaient, en partie, passé dans notre ancien droit : les pays de droit écrit les appliquaient aux testaments mystiques. Pour les testaments olographes, le Châtelet de Paris

[1] Loi 7 au Dig., *De appellationibus recipiendis.* — Loi 6 au Code, *Quorum appellationes non recipiuntur.*

[2] Ricard, *Traité des donations et des testaments*, T. I, p. 316, nº 1400.

n'exigeait le ministère du juge qu'autant qu'ils étaient cachetés [1], et un ancien auteur, Rousseau de la Combe, dit : « Non seulement « l'héritier, mais même tous ceux auxquels quelquechose a été « laissé par le testament en peuvent demander l'ouverture [2]. »

L'ordonnance de 1735 laissait à l'usage le soin de régler l'ouverture, l'enregistrement et la publication des testaments.

Il n'est pas, je crois, téméraire d'affirmer qu'en prescrivant, dans tous les cas, l'intervention du juge pour l'ouverture et le dépôt des testaments olographes, le Code civil n'a fait que suivre la tradition romaine recueillie par notre ancien droit. Dans son rapport au Corps législatif, M. Bigot de Préameneu, donnait de l'art. 1007 le commentaire suivant : « Si le testament a été fait en la « forme olographe ou dans la forme mystique, des mesures ont « été prises pour que les parents appelés par la loi aient toute « facilité de le vérifier avant que l'héritier institué ou le léga- « taire puisse se mettre en possession [3]. »

Cet aperçu historique n'achève-t-il pas de démontrer que les dispositions de l'art. 1007 ont un caractère d'ordre public auquel il n'est pas permis de déroger?

Si, d'ailleurs, un testateur pouvait interdire l'ouverture de son testament pendant la vie de son héritier immédiat, pourquoi ne le pourrait-il pendant plusieurs générations, pourquoi pas indéfiniment? On voit à quelles impossibilités conduirait la doctrine adoptée par M. le Président du tribunal de Mayenne, dans son ordonnance.

Sans aller jusqu'à dire avec la loi romaine que l'acte testamentaire, *testamenti instrumentum*, est un acte public, ne peut-on pas dire qu'il est la chose de tous ceux qui y sont intéressés?

N'est-il pas la chose de l'héritier du sang? L'héritier n'a-t-il pas intérêt à le connaître, et par suite, droit de le connaître, pour en critiquer les dispositions, pour en proposer au besoin la nullité ou la caducité? Le rapport de M. Bigot Préameneu indique nettement que c'est là le but même de l'art. 1007.

[1] Furgole, chap. 2, sect. 10, n° 10. — Ferrières, sur l'art. 339 de la Coutume de Paris. — Pothier, *Donat. et test.*, chap. 1, art. 2, § 3.

[2] *Recueil de jurisprudence :* au mot *Testament*, sect. 7.

[3] Fenet, T. XII, p. 558.

N'est-il pas la chose des légataires, *universorum quibus quid illic adscriptum est*? Et, en particulier, dans l'affaire qui nous occupe, comment pourrait-on exécuter, sans l'ouverture du testament de 1875, les legs contenus dans le testament de 1878, alors que, de l'aveu même du testateur, les dispositions qui les consacrent dans le premier doivent s'interpréter et se compléter par les dispositions du second?

N'est-il pas enfin la chose de l'État qui, lui aussi, a le droit de le connaître, pour asseoir la perception et toucher le montant du droit de mutation?

La volonté exprimée par le testateur et respectée par l'ordonnance du président de Mayenne laissait la propriété incertaine, empêchait le légitime contrôle de l'héritier du sang, faisait échec au droit des légataires et au paiement du droit de mutation dû à l'État. Il semble bien qu'à ces divers points de vue, cette volonté était illégale. C'est ce qu'a pensé la Cour qui a réformé la décision du premier juge par l'arrêt suivant :

La Cour,

Considérant que le sieur B... (Félix), propriétaire à Mayenne, est décédé en cette ville, le 30 janvier dernier, laissant pour unique héritière la demoiselle Marie-Éléonore-Sophie-Clémence B..., sa sœur;

Que le même jour, 30 janvier, M. Riandière-Laroche, notaire à Mayenne, a présenté au Président du tribunal divers testaments en la forme olographe dont ce magistrat a fait l'ouverture et la description et ordonné le dépôt en l'étude de Me Laroche;

Que, le lendemain, 31 janvier, le même notaire a de nouveau présenté au Président du tribunal, 1° une enveloppe cachetée portant la suscription suivante: « Ceci est un de mes testaments « qui ne devra être ouvert et recevoir son exécution qu'après la « mort de ma sœur. Il existe un autre testament qui devra être « ouvert immédiatement après ma mort et recevoir son exécution, « en ce qui concerne son actualité. Le testament présent est « écrit, signé de ma main et mûrement réfléchi. Mayenne, le « dix-huit mai mil-huit-cent-soixante-douze. Signé B***. »

2° Une seconde enveloppe dans laquelle on trouva, en même temps qu'un testament de la demoiselle B..., contenant une suscription identique, un autre testament du Sr B..., clos et scellé, et portant pour suscription ces mots :

« Ceci est un testament qui ne sera ouvert et ne devra recevoir « son exécution qu'après la mort de ma sœur. J'ai fait un autre « testament qui devra être ouvert et recevoir son exécution après « ma mort. Mayenne le vingt juin mil-huit-cent-soixante-douze. « Signé B... »

Considérant que sur la requête qui lui était présentée au nom de la D^elle B..., d'avoir à procéder à l'ouverture des dits testaments, conformément à l'art. 1007 du Code civil, M. le Président du tribunal de Mayenne a, par ordonnance en date du 21 janvier dernier, déclaré n'y avoir aucun intérêt à les ouvrir actuellement, et, respectant la volonté du testateur, a ordonné purement et simplement le dépôt des deux plis cachetés, en l'étude de M. Riandière Laroche ;

Considérant que la D^elle B... a relevé appel de cette ordonnance et demandé à la Cour d'ordonner que les deux plis portant les suscriptions précitées soient ouverts par un magistrat à ce commis pour être ensuite déposés en l'étude d'un notaire ;

Considérant que l'art. 1007 du C. c. est ainsi conçu : « Tout « testament olographe sera, avant d'être mis à exécution, présenté « au Président du tribunal de première instance de l'arrondisse- « ment dans lequel la succession est ouverte. Ce testament sera « ouvert s'il est cacheté. »

Considérant que ces termes de la loi sont impératifs et absolus, et qu'ils édictent une prescription d'ordre public à laquelle la volonté du testateur ne peut déroger ;

Que la faculté laissée au testateur de prohiber pendant un temps indéterminé l'ouverture de son testament priverait forcément l'héritier du sang du légitime contrôle qu'il peut exercer sur les dispositions testamentaires, et du droit qui lui appartient d'en faire valoir, s'il y a lieu, la nullité ;

Considérant, que par un autre testament, en date, à Mayenne, du 5 février 1878, dont il a pris soin de prescrire l'ouverture et l'exécution immédiatement après sa mort, le testateur lègue à la demoiselle B.., sa sœur et unique héritière l'usufruit de toute sa fortune ;

Que cette disposition n'aurait pas de sens, si, dans le testament dont il a prohibé l'ouverture, le testateur n'avait disposé de la propriété;

Que, dans de telles conditions, la propriété de la succession du *de cujus* demeure incertaine, que les biens qui la composent sont forcément indisponibles, inaliénables, que la liquidation et le paiement du droit de mutation dû à l'État sont impossibles;

Qu'à ces différents points de vue, la prohibition édictée par le testateur est contraire à l'ordre public, et doit, aux termes de l'article 900 du C. civil, être réputée non écrite.....

Considérant d'ailleurs, en fait, que dans la suscription du testament portant la date du 5 février 1878, le testateur s'exprime en ces termes : « Ce testament écrit, daté et signé de ma main, « devra être ouvert de suite après ma mort. Il devra être con- « servé avec soin, *car il contient l'expression de volontés dont on « aura l'explication à l'ouverture de mon autre testament* »;

Que dans uue annexe, en date du 15 mai suivant, il ajoute que celui de ses testaments « qui devra être ouvert immédiate- « ment après sa mort, devra recevoir une prompte exécution »;

Qu'il a ainsi subordonné lui-même l'effet du testament dont il ordonnait l'exécution immédiate à la connaissance de celui dont il prohibait l'ouverture et dont le texte seul peut, de son aveu même, donner l'explication des volontés par lui consignées dans son testament du 5 février 1878;

Qu'il est vraisemblable que B... ne s'est pas suffisamment rendu compte de l'obstacle que la prohibition par lui édictée apportait à l'exécution de dispositions dont il avait à cœur la réalisation immédiate, et qu'il ne l'eût pas lui-même maintenue s'il en eût compris les effets et la portée!

Par ces motifs :

La Cour, faisant droit à l'appel de la Delle B... infirme l'ordonnance rendue, le 31 janvier dernier, par le Président du tribunal de Mayenne. »

Cet arrêt nous paraît contenir une saine appréciation du fait et du droit; la solution qu'il a donnée à cette question, plus nouvelle d'ailleurs que délicate, nous paraît commandée par tous les principes, et ne peut, ce semble, rencontrer qu'une adhésion unanime.

Paris, impr. F. Pichon. — A. Cotillon & Cie, 30, rue de l'Arbalète, & 24, rue Soufflot.

www.ingramcontent.com/pod-product-compliance
Lightning Source LLC
LaVergne TN
LVHW010345230826
846091LV00009B/4035

* 9 7 8 2 0 1 9 2 8 0 2 1 5 *